永恒的聂耳

刘 琼 著

少年儿童出版社

1

一张"客满请回"的照片，刊在上海《电通》画报的第八期，从一堆旧报刊里捡拾出来时已经泛黄。图片记载的是 1935 年 8 月 16 日上海的一个追悼会的实况。

这一年，上海文艺界多悲事，阮玲玉自杀，郑正秋逝世，追悼会隔三岔五。这天的追悼会，上午九点三十分开始。

八点半，金城大戏院已经拥塞得水泄不通。组织方不得不出具"客满请回"的告示，可门前依旧拥挤不堪，除了"西服"和"长衫"，还有"短衫"也侧身往里挤，像新戏初演前的戏园。人虽多，但是很静默。

有幸挤进会场的人们，肃穆地站立在楼上楼下某个角落，倾听着演说。台上，作演说和死者生平创作介绍的音乐家吕骥早就涕泪交加。门外的群众，还在往里挤，里面已是歌声四起。一个童声响起，这是小明星陈娟娟对"耳朵叔叔"真情的表述。孩子稚嫩的童真原本是死者生前的最爱！《飞花歌》起，是胡萍、王明霄百感交集的女声二重唱。人们合唱着悼念死者的挽歌，合唱着死者生前写的歌。

一个挎篮沿街叫卖五香花生米的小贩走过戏院的门前，也沉默了。因为他听说今天戏院里

> 提起聂耳来，我们再也忘不了他在家时那副天真活泼、喜说好动的性格和健康、朴素、经常保持乐观的形象。他是一个富有广泛生活兴趣，无论对什么也不会疲倦的人。
>
> 聂子明、聂叙伦

被悼念的人，就是那个为八仙桥车站附近卖报的"小毛头"写《卖报歌》的小伙子。据传他写的歌唱的都是老百姓的事儿。

追悼会结束了，余音在上海甚至全国，在相熟的和不相熟的人的口中传了很久……

可惜，被追悼者一个月前在东京附近的鹄沼海滨消夏时，寂寞地沉在汹涌的海浪里。否则，喜怒历来形于色的他，一定会给家人写信报喜："三哥，见了报纸，你就知道我现在做成了怎样的事情。我是了不得地红了！"写着，写着，这个大孩子还会发出快活的笑声。

他，就是作曲家聂耳。这一年，不过二十四岁，出现在《电通》画报第七期封面时，一副二十世纪二三十年代新青年的标准行头：西服、领带，健康而饱满的嘴唇洋溢着充沛的活力。他的眼神清澈，硬而短的平头十分触目。

素来相处默契的三哥聂叙伦，冥冥中许是听到小弟热忱的呼唤，两年之后专程到上海把聂耳的骨灰接回昆明。于是——湖南新兵队受训，上海明月歌舞剧社拉小

上海霞飞路、吕班路口有个叫小毛头的卖报女孩子，跟聂子挺熟，一见面老远就听她喊："聂子！"聂子有时帮她卖报，我们也帮着卖。不知从什么时候起，听她哼起歌来了，这就是《卖报歌》。聂子帮她卖报，还教她唱歌，《卖报歌》就是这样唱起来的。

赵　丹

提琴，北京报考国立艺术学院，日本考察——游历了一圈后，聂耳又回到了久别的家乡。城西，滇池畔，高百余仞、鸟鸣翠树的西山，成了聂耳栖灵之处。这曾是他过去勾描的至高理想：寻一块清幽之地，盖几间茅屋，交几个挚友，或研读诸子，或起身弄琴，做自己想做的事，不受外人支配，更不受政府的管辖。他还可以了却陪侍云南老家守寡多年的老母的心愿。

这颗划过天空的耀眼的新星，就这样在人生上升时期沉没在异国的大海里，他的生命因为短促使人惆怅，恰又因为这惆怅的短促，留给后人许多怀想的空间和假设的诱惑。

聂耳雕像。

2

聂耳的第一感觉被证实了。

现代性和大众化，两面旗帜在上海的天空猎猎飘扬。民族电影、民族音乐、民族美术，活跃在这些领域的近现代中国文化艺术的先驱和风云人物，赫然入目。这里的空气，远比云南老家时髦、宽松。

海轮还未停妥，聂耳已经跳了下来。黄浦江的空气鲜甜！他的呼吸一下子通畅了。他有一种轻舞飞扬的欲望。二十世纪三十年代的上海，很快就以博大开放的胸怀，接纳了这个来自边城昆明的稚嫩的青年。

来到花花绿绿的上海，目不暇接地领略社会百态的同时，他眼前一亮，发现这里几乎天天可以看到电影！好莱坞著名影星嘉宝主演的美国影片《瑞典女王》上映，银幕上的"女王"伤心哭泣，座位上的聂耳也泪眼婆娑，尤其是当电影插曲 Humoresk 响起时。聂耳最爱看电影，而且每遇动情之处必哭，这在朋友中已出了名。他的这个习惯常常被朋友们当作笑料。聂耳自己却不以为忤。至情至性，有何不好？

更令聂耳喜出望外的是，自己不久后居然在明星成堆的明月歌舞剧社谋到一席职位，健步迈入娱乐演艺圈。

明月歌舞剧社的前

我头天迁入学校，第二天就迁出学校，原来这学校是一个造就广东戏子的机关，所学的就是广戏和京戏。所谓音乐班就是学广戏锣鼓、丝弦，你想我怎么能插足在这里呢？

聂耳

身，是黎锦晖创办的中华歌舞剧团。这是我国最早的职业性歌舞团。阵容虽然不大，但是因为拥有上海有名的"歌舞四大天王"王人美、胡笳、白丽珠、薛玲仙以及影帝金焰等名角，在上海乃至全国名噪一时。此时的"明月"，隶属于上海有名的资本家罗明佑开设的联华影业公司。在聂耳进入联华歌舞学校和明月歌舞剧社时，肇始于张石川等人的早期国产影片，其拍摄和制作已步入初盛时期。老实稚气的聂耳在群星璀璨的"明月"是名小提琴练习生。这时，他还叫聂紫艺。

七八个人一间的狭小宿舍，练琴时得站在墙角，但聂耳却体验到了生活的奢侈。初到不久，他帮助昆明老家的朋友张庚侯、廖伯民在上海代租电影拷贝，得到一百元报酬。一百元啊，离开大家庭以来他还从未拥有过这么多的钱，聂耳的心狂跳起来。第一件事就是跑到邮局给母亲邮去一半。另一半，买了一把小提琴，还有两本乐谱。一把普通的小提琴，从此成了聂耳生活中华丽的色彩。王人美的二哥王人艺是聂耳的专职小提琴老

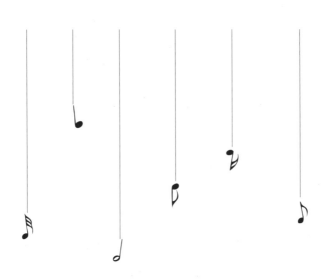

　　因为没有学校，提琴技术的进步，当然慢了许多。近来在作曲上下苦研究，也有几支曲子出现，还受人欢迎。所以在上海艺术界中，提起聂耳，已经有相当多的人知道了，尤其在许多电影刊物上常常可以见到四只耳朵的名字。妈妈！你应该够开心了吧！

聂　耳

师。于是，人们常常看到师徒二人认真地矫正指法，"错了"，"又错了"，德沃夏克的《幽默曲》时断时续。"小老师"与聂耳同龄，平常为人很随和，教琴却毫不马虎。十九岁的聂耳，刚刚摸琴，连乐谱都看不懂，哪里谈得上什么对位、和声，"小老师"有点急了。虽然不断被批评，聂耳可不傻，知道碰上了好老师。"一定能学会。"他对自己说。吃罢晚饭，大家都结伴去逛"四马路"，到"大世界"看杂耍。聂耳却一声不吭，躲进房间练琴，他要完成自己的业务指标：除了必不可少的睡觉和吃饭，一天至少"恶补"七个小时的琴。

"拼命三郎"聂耳很快出名了。

出入"明月"的都是上海滩演艺界的知名人物，蔡楚生、孙瑜、卜万苍、金焰、郑千里、王人美、黎莉莉、白丽珠、赵丹、周璇、阮玲玉，等等。近观名人，聂耳才体会到什么是"风头正健"。不久，聂耳又认识了田汉、夏衍、阳翰笙。一种全新的生活在聂耳的眼前展开。

其时，电影和戏剧往往裹挟在一起。一套演员班底，

醉态可掬。

一会儿在舞台上演话剧，一会儿又聚集在水银灯下。这样做，有受人力物力制约的因素。虽是制片商节省成本的策略，客观上却锻炼了演职员，因为人手少，演职员需要一专多能。比如王人美在电影《风云儿女》中除饰演女主角之外，还要唱主题歌。拉小提琴的聂耳，也要时不时上场扮个什么卖油炸臭豆腐的商贩，或者涂一身黑墨，扮成黑人矿工。若某人的艺术修养不高，单单凭着一张漂亮脸蛋，想在前台光光彩彩地出名，绝非易事。当年的一些电影之所以至今仍魅力不减，除了首创的魄力，主要得益于演员不凡的表演功力。正是在这种压力之下，一大批璀璨耀眼的演艺明星冉冉升起。

他对弹、唱、舞、表演，无所不能，在游艺会中，常常是个中心人物。他有时浑身涂墨，扮演"非洲博士"，又歌又舞，有时模仿各种方言外语的腔调，发表"聂耳博士演讲"，令观众捧腹。

郑君里

星光照耀之下，起初投身于此只为谋生的聂耳，为自己垫高了要求：要努力啊，要做大事，要成名，趁早啊！

活泼，天真，十九岁的聂耳是个孩子王，身边总围着歌剧社的小演员们。做游戏，输了，孩子们起哄，聂耳乐颠颠地耸动着两只耳朵。大家不满足，"耳朵先生，再来一个嘛！"聂耳又"秀"了一下。他善于模仿的表演才能已是尽人皆知。为田汉编剧的歌剧《扬子江

聂耳像一个天真的孩子。他欢喜花，欢喜书，欢喜孩子，欢喜运动，欢喜用种种方法来逗朋友们开心。总之，他热爱生活，热爱生活中的一切健康、美好的事物。在他当时处身的那个社会，天真老实是注定了要吃亏的。他上过当，失过恋，不止一次受过他认为"朋友"的人们的奚落和欺侮，但是，我从来没有在他脸上看到过苦闷和忧愁。他可以说是革命乐观主义的化身。他到一个地方，这个地方立刻就会发出欢笑、活跃和一种蓬勃的青春气息。

夏　衍

暴风雨》担任作曲和导演时，聂耳还亲自上场担纲主演"老王"，卖力逼真的表演让一旁的资深演员直竖大拇指称赞。

有一个时期，苏联影片《生路》中的流浪汉摩斯塔法成了聂耳模仿的对象。路上碰见人，也不打招呼，手一伸，接过一支烟，叼着烟卷，身子斜靠着，神气活现地怪笑，一副流浪汉的神情！ 1959 年，赵丹在电影《聂耳》里出演聂耳时，还不止一次地谈及这段往事。

像一颗开心果，聂耳为人们带来了笑声。聂耳死后，很久很久，人们还在说，聂耳是个孩子，他爱花，爱书，爱孩子，爱运动，爱艺术，爱生活中一切健康、

他交了不少孩子朋友，他跟他们一起玩，一起认真地做一件事，认真地讨论一件事，他甚至跟孩子吵嘴，为着一件什么事生气，他真的生气，因为他对待他们是那样认真。

赵　丹

美好、纯洁的事物。

演艺圈"脂香粉腻",一直是为大众非议的地方。聂耳"混迹"其中,亲友不免担忧他热情逼人,真情灼人,又单纯幼稚,会不会被熏染?聂耳倒是"我自岿然不动"。"要做出大事来"的愿望深植在脑海中,聂耳无暇旁顾。再说,浮华、浅薄和虚荣也令聂耳反感。与孩子们交往,进行音乐创作,是他找到的不能替代的乐趣。其时聂耳与上海泉漳中学教员、同乡李生萱,即著名哲学家艾思奇来往频繁,并对哲学和理性产生了浓厚的兴趣和向往。聂耳的定力,为自己赢得了智慧和游刃有余的空间、时间。

尽管外界对演艺界毁誉参半,聂耳却非常热爱这个艺术起跳的平台。1932年8月,聂耳被迫"自动"离开"明月"。但他与昔日"明月"的许多同伴此后一直是朋友,对

不论你从哪条道跑,你对哲学的基础不稳定,终于是难得走通的。

聂 耳

聂耳来说，他的"社交圈"仍在这里。

离开"明月"的聂耳满腹心事地离沪北上。北京的精英文化，距离聂耳这个一眼看去没有洗脱局促和羞涩的外省青年，实在太遥远。不足半年，聂耳又回到上海。这是聂耳一生中唯一的一次"北京行"。从此，聂耳在上海扎下了根。

1935年1月，聂耳终于又回到联华系统任职。这时，他高升了，是二厂音乐部主任。

半年的北平生活是把我泛滥洋溢的热情与兴趣注入正流的界堤。

聂耳

林楚楚说黎铿很听我的话，他每天早晨起床时都念着："先生叫我写字，写好了要记分数，不写要打手板。"像这样一个孩子，真难得。

聂耳

为什么这样眉飞色舞?
原来正在与友人探讨音乐创作。

3

"1934 年是我的音乐年。"聂耳骄傲地宣称。他在内心默默地感谢东方百代唱片公司。

1934 年 4 月 1 日，聂耳加盟由英国人经营的东方百代唱片公司。百代公司当时在上海十分出名。

初进"百代"，聂耳只是音乐家任光的录音工作助手，但是很快他就被任命为音乐部副主任，因为其一目了然的才秉。"百代"老板大气地对聂耳说，不管你是谁，你做什么，只要你能做成，有影响，有效益，你就尽管去做。从此，不必忍受别人有关资历的非议，不必看老板铁青的脸色，也不必考虑复杂的人际关系，多少年来寻寻觅觅的创作自由和不拘一格的实践空间，突然呈现在眼前。仿佛面对刹那间普照而来的艳阳，聂耳简直无法自持。

聂耳"拼命三郎"的劲头又上来了。

抄谱，作曲，演出，开研究会，一刻也不消停。聂耳是如此兴奋而忙碌，以至于整整七个月的"百代时期"，临到末了，他才粗略地写了一篇"总结"文字。在这篇注明"四月四日"的日记里，因亲建"百代新声会"和"百代国乐队"拥有的成功和风头，由笔尖喜不自禁地流泻出来。亢奋中的聂耳一连

> 说到整个的音乐运动，更是一桩难做的事，不是畏难而不做，而是要认识这难的存在，先把自己的基础打好，才有资格去领导人。老实说，我自己知道自己的空虚、浅薄，还没到领导人的程度。
>
> 聂耳

使用"一致地赞许""批评甚佳"等火爆字眼，形容自己为电影《渔光曲》《桃李劫》《大路》创作的音乐作品。

忙碌中聂耳最用心力的是国乐队，业余演出时这个乐队也称"音乐社"。乐队很小，只有几个基本席位，成员都是往来较密切的同行，每礼拜开两次夜工，因为是同人性质，大家的兴致很高，也不谈什么报酬。聂耳反正是不管白天如何之忙之累，都会坚持参加。在聂耳和音乐家任光、词作家安娥等人建议下，乐队进行了一系列的民乐伴奏和合奏形式方面的改革实验。聂耳根据云南等地民间乐曲改编完成的《山国情侣》《昭君和番》等四首民乐作品，都是交由森森音乐社首演后，现场与报章的反

任光到香港收音，上海一切事务全是我负责，乐队的训练非常有成绩。

森森音乐社在青年会演奏，风头十足。

我将导演一歌剧，我自己主演。

聂耳

　　写信比写日记重要。注意现实生活的充实，不要过分地理想将来的生活。音乐上的修养：1.经常地写谱。2.尽可能地参加乐队演奏。3.注意云南的音乐。

聂　耳

响让他和他的朋友们兴奋不已。

六十多年后，新世纪的第一个新春，中国广播民族乐团在奥地利的维也纳"金色大厅"演出。当地许多社会名流盛装莅临。音乐厅的气氛出乎意料地好，每一曲终了总有热烈的掌声。聂耳在"百代"时期编创的《金蛇狂舞》起奏。大厅里静极了，丰沛的个性化的旋律流淌在多瑙河畔。突然，震耳的掌声提前响起。一时间，作为听众的我百感交集，想到很多，包括聂耳。这次音乐会上还演奏了聂耳在"百代"期间主持改编的另一首新民乐《翠湖春晓》，同样以那充满民族个性色彩的优美打动了异域的听众。今天，《金蛇狂舞》和《翠湖春晓》已被国际音乐界视为中国民乐的经典作品，灵魂已经升入天国的聂耳，你预见到了吗？

因为"百代"是唱片出版公司，聂耳为电影写的插曲《渔光曲》《开矿歌》《大路歌》《开路先锋》《毕业歌》也先后被百代公司制作成唱片，传播至今。没有传播，就没有经典。音乐更是如此。有暇坐在黄昏的阳台上，听当年那胶木唱片在老掉牙的电唱机上吱吱呀呀地唱着，那旋律，即使是远而不清晰地聆听，音乐形象依然新鲜如初。穿越时空的音乐魅力，消解了一切或有或无的异议。

今天，辞典里有关"聂耳"这一词条，在"《国歌》的作曲者"后面，通常都会加上一句"中国新音乐的创始人"。"百代"就是聂耳"新音乐"的实验室。巴金著文回忆当年在上海做文艺杂志编辑的种种感受时曾说，当时的上海由于众所周知的政治原因，民族出版业很不景气。倒是外国资本在殖民主义的保护伞下，渗透中国出版界，做了一些中国出版业无法做的事。聂耳服务的"百代"就是在这样的大背景下出现在上海的一家"外企"，客观上，它为一个中国音乐家开辟了创作的空间。如果没有"百代"，聂耳虽然还能成为著名作曲家，但是他在民族音乐学术史上的地位将大打折扣。

有时，人生的价值往往成就于一个瞬间、一个阶段。1935年聂耳为电影《风云儿女》创作的《义勇军进行曲》，这首后来被指定为中华人民共和国国歌的歌曲，成为聂耳作为一个音乐家标志性的作品。

但是，聂耳丰富多样的音乐实践，在1934年就已经大略成型。

那一年，每每碰见熟稔的朋友，聂耳都会半真半假地发几句牢骚：忙！真忙！谈恋爱的时间都没有。话刚说完，一转身他又忙得像个陀螺，从乐队转到合唱队，从合唱队转到摄影棚，因为他正在筹划导演歌剧《扬子江暴风雨》。若干年后，夏衍回忆当时的情景，长叹再没有人能像聂耳这样"抢"着干工作了！

1934年，聂耳真的特别快乐，惬意而自足，他的生活和精神状态完全变了。在名人如毛的上海文艺圈，聂耳曾一度很沮丧。这一年，聂耳恢复了惯有的自信。忙碌的音乐实践结出了硬邦邦的丰硕成果。

聂耳怎能忘记自己快乐无忧而又成绩卓著的时光？

忙碌的1934年，聂耳只写了三篇日记，文字轻快并匆忙。

著名的《义勇军进行曲》手稿，就是这样用一个一个音符清晰地连缀而成。

1934年11月底，聂耳心情复杂地辞去东方百代唱片公司音乐部副主任的职务。

第二年4月1日，聂耳已是联华二厂音乐部主任，应酬了一整天之后，他又独自一人悄悄地踱回百代公司。物是人已非，几个月前的繁华与热闹烟消云散。一股酸楚不觉慢慢地从聂耳多愁善感的心中渗出：一年前的今天，踌躇满志地在"百代"应聘的情形恍若昨日，美好的时光竟然如此短暂！伤感完全攫取了他。

联华因为没有混合录音设备，录音的场所不得不改借在电通进行，就在摄影棚中那高高的但极窄小的录音亭上，我们和聂耳共同度过了困倦而紧张的一个通宵又一个通宵。聂耳的脑部过去不幸曾两度摔伤，一到深夜，血液上涌，他就涨得满脸通红和痛苦不堪，往往这时他总嚷着："我的脑袋要爆炸了！""我的脑袋要爆炸了！"

蔡楚生

1935 年的聂耳。眼神里流露的是对美好未来的向往。

录音室里，乐队的一张分谱遗落在地，聂耳蹲下身，细细地摩挲着。乐队曾经是那样地令他牵挂，今后也将仍然令他牵挂，虽然，只能在异国他乡辗转地打听它的消息了。

半个月后，聂耳去了日本。

4

"一·二八"以后，上海白色恐怖严重，中共提出在文艺界发展党员，壮大左翼力量。年轻活跃的聂耳被列为首批培养对象。培养和联系人是上海左翼剧团联盟负责人田汉。

1932年4月22日，弦歌满耳、衣鬓相接的明月歌舞剧社。在一个僻静的房间里，聂耳第一次见到在当时上海文艺界赫赫有名的"田老大"田汉。聂耳有些激动，还有点拘谨。

　　两人见面的情形如何？在聂耳当时的日记里，4月22日这一天没有任何记载。4月21日与4月23日前后两天包括此后的日记，也找不到相关的信息。从手稿留有的痕迹看，23日的日记似乎是撕去了一页。剩余的部分开头第一句，是"才是出路"四个没有上下文关联很突兀的字。从现存的其他一些资料可知，在特殊的政治环境里，为了避免麻烦，聂耳曾对日记做过一些处理。照此推测，4月22日以及其他与会面相关的文字很可能被聂耳自己销毁了。

　　还有一点，也令我费解。在聂耳目前保留下来的十多万字的日记、文章、书札里，关于田汉的描述也很少，即使有，也大多是流水账式的记录，至多用"很好"这样的字眼笼统地表示一下情感。勤写日记和书信的聂耳，逢"田"何故谨慎规避？不得而知。

　　田汉遗留下来的关于聂耳的文字，倒是客观而平实。田汉见过聂耳的母亲彭寂宽，彭氏给他留下美好的印象。在田汉看来，"脂香粉腻"的环境中，年轻的聂耳之所以

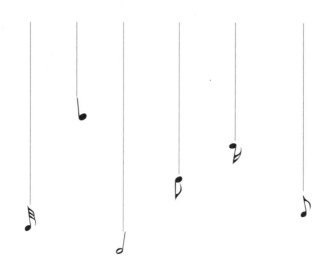

不同生活接触，不能为生活的著作；不锻炼自己的人格，无由产生伟大的作品。

聂　耳

没有受到什么坏影响，与良好的家庭教养有关。田汉提出聂耳没有变坏的一个论据是，"聂耳到二十四岁似乎没有恋爱过，在那样的环境里是很不容易的"。

其实，早在云南省立第一师范读书时，聂耳就开始与袁春晖交往。袁春晖俏丽活泼，是接受过新式学堂教育的新女性。聂耳对这段情感很珍视。然而，由于袁春晖反对聂耳进入影视圈，加上聂耳一度对"明月"女演员白丽珠等心猿意马，有关绯闻传到昆明袁春晖的耳朵里，两人关系逐渐疏淡。但是，两人的恋爱关系从未正式解除。

田汉的"不知"，是聂耳出于"政治安全"的考虑，对他隐去了这一节故事？不像。是往来不够密切，没有交流的语境？

> 他当然是天才，但也要靠大家帮助他锻炼。在大家的帮助下，他不但在政治上找到了出路，在艺术上也迅速地成长起来了。不然的话，就神秘了。
>
> 田 汉

因此，尽管两人曾有过多次成功的合作，在朋友和搭档两者之间，我更倾向于从后者的角度考量两人的关系。

聂耳提起田汉，总是恭恭敬敬地称一声"田老大"。在田汉的眼里，聂耳最初只是一个有着不平凡经历的追求革命的贫苦学生。当时，两人阅历、资历以及性格存在着极大差异。田汉在上海文艺界是有名的好人缘，身边总是围着一群人。一本书出版了，或者是拿到一些版

"黄金拍档"——田汉与聂耳。这张照片流传很广。

税，大伙儿一块儿下酒馆，看新戏；没钱了，就搜罗各自的腰包，吃大饼油条过日子。许多人称他们是"法国的波希米亚式的文人"，还有人谓之"原始共产主义者"。"田老大"的做派，让我想到的是绿林好汉振臂一挥的味道。田汉天然地有着对他人的感染力和影响力，这也许便是通常所说的领袖气质。正因为这一点，田汉在"文革"中曾被批判为"自由主义"。但当时田汉这片"浓绿"却不曾荫蔽聂耳。

人与人的关系是多层面的。朋友未必是工作中的搭档，工作中的好伙伴未必是生活中的密友。呼朋唤友时也许没有想到彼此，但这并不妨碍田、聂二人在音乐创作中默契地合作。

1933 年 至 1935 年两年间，田汉作词，聂

> 聂耳每一个曲子出来都经过大家的讨论。任光家里有架钢琴，音乐组也就经常在他家开会，聚在一起互相推敲作品。
>
> 　　　　　　田　汉

耳作曲，一同创作了《开矿歌》《大路歌》《毕业歌》《码头工人》《苦力歌》《打砖歌》《打桩歌》《告别南洋》《春回来了》《慰劳歌》《梅娘曲》《打长江》《采菱歌》《义勇军进行曲》十四首歌曲，几乎占了聂耳全部作品的一半。聂耳的处女作《开矿歌》是两人合作的开端。后来被作为中华人民共和国国歌的《义勇军进行曲》则是两人合作的巅峰。这首歌奠定了聂耳在中国音乐史上至今犹被记取的地位。

电影《风云儿女》剧本刚刚完稿，编剧田汉被捕了。聂耳见到导演夏衍的第一句话是："《风云儿女》谁来作曲?"第二句话就是，"我来写吧，田汉也会同意的"。自信与笃定溢于言表。聂耳的自信是有根据的。狱中的田

聂耳并非天生的革命家，他在政治和艺术上的成长有他具体的过程，这些在他遗留下来的十多万字的日记、文章、书札中可以清晰地找到它的线索，看到他奋勇前进的每步脚印。

郑君里

汉果然同意了聂耳的请求。很快，聂耳就拿出初稿，定稿是聂耳到日本后完成的。作品取名《义勇军进行曲》。以田汉当时在文艺界的地位和影响力，他完全可以找到比聂耳更知名更有经验的作曲家合作，但他却较多地选择了聂耳。尽管聂耳没有名气，没有创作经验，没有多少音乐修养，甚至他的创作还有些粗糙。田汉之所以是大家，之所以与众不同，就在于对聂耳这块璞玉的认知。

一种令人羡妒的默契，促成两位天才不寻常的合作。除了创作，田汉还受组织委派，担负着团结聂耳的工作。1933年初，由田汉介绍，夏衍监誓，聂耳加入中国共产党。聂耳的政治人生发生了重大变化。

聂耳与田汉由政治

聂耳同志创作的大多数歌曲，早在三十年代中期抗日救亡运动和后来的抗日战争、解放战争中，流传于全国广大群众中。全国解放后，他的大部分歌曲，继续作为革命历史歌曲鼓舞着各族人民。

吕 骥

1935年4月，聂耳为影片《风云儿女》创作主题歌《义勇军进行曲》，旋律慷慨激昂，唱出了时代的怒吼。影片公映后，这首歌迅速流传。

立场上的有意识接近，进入艺术创作的亲密合作。如此富有历史价值的二人行，却由于缺失了其中一方——聂耳——明白流畅的表述而留下遗憾。

如果没有这种不寻常的合作，他们的个人历史也许都将重写。

更有意味的事发生了。

是田汉的"哥们儿"郭沫若，而不是田汉本人，顺理成章地担负了为聂耳"盖棺定论"的责任。

聂耳死了，诗人郭沫若在日本写了一首诗，以志纪念：

> 雪莱昔溺死于南欧，
>
> 聂耳今溺死于东岛，
>
> 同一时民众的天才，
>
> 让我辈在天涯同吊！
>
> 大众正赖你去唤醒，
>
> 问海神尔如何不淑！
>
> 为我辈夺去了斯人！

1935 年 7 月 田
汉悼念聂耳诗，
此作品为后来纪
念聂耳题写。

聂耳呀，我们的乐手，

你永在大众中高奏！

我们在战取着明天，

作为你音乐报酬！

这首《悼聂耳》，除了郭沫若一贯的煽情风格，还有对逝者文化和政治价值的评鉴。以聂耳比雪莱，提炼出"民众的天才"、大众的"乐手"两个同类项，诗人敏锐的直觉帮助了郭沫若。

1954年2月，云南省重修聂耳墓，郭沫若又撰写碑文："聂耳同志，中国革命之号角，人民解放之鼙鼓。"同年，日本藤泽市修建聂耳纪念碑，碑铭也由郭沫若题写。

聂耳生前与郭沫若是否有交往倒不重要，重要的是，作为田汉的密友，因为田汉的缘故，郭沫若关注聂耳是十分自然的。郭沫若不仅才高八斗，社会活动能力也很强，新中国成立后历任中共中央委员和政府副总理、全国文联主席等要职，由这样一位文坛和政坛要人为国歌的作者树碑立传，倒也在情理之中。

只是，为什么不是田汉呢？

我是在东京认识聂耳的。记得我第一次认识他是在一次座谈会上。他自我介绍说："我有四只耳朵！"

吴　天

5

1931 年。

初春的气息，躲过尘埃和腥臭的围攻，在上海同春里 31 号福兴公寓悠悠蔓延。

二楼的石库门里，取名"申庄"的小采购站已经关门大吉了。这是昆明云丰商号在上海的分店，总部近来因为偷税在昆明被查封。"申庄"垮了！躺在黑暗的小阁楼里，失业的苦恼尖锐地咬噬着昔日"申庄"稽查员聂耳的心。聂耳乍到上海，举目无亲，这份类似会计的工作也

你能说聂耳非天才么？他没有步入过学院的门一步；你能说聂耳不努力么？他没有浪费过他的时间一分。如果他在音乐上有什么成就的话，什么都是他自己在短促的二十四年的生活中，一点一滴获取来的。知道他和不知道他的——只要没有成见的人，谁不对他怀着至高的期望？

孙师毅

还是托人帮忙才找到的。

还好，天无绝人之路，联华影业公司音乐歌舞学校刊登在《申报》上的招生启事引起了聂耳的注意。尽管在家时邻居常夸自己有表演天赋，但是这个联华音乐歌舞学校可是"大码头"啊，就自己那业余的两下子，能行吗？不过，每月能挣十元津贴，还管吃住，吸引力实在是太大了。

聂耳忐忑不安地进了考场。因为紧张，发挥得一般，然而，却被主考官黎锦晖录取了。这真是一次戏剧性的遭遇。一个是决定他人命运的主考官，一个是尚未入门的音乐爱好者。芸芸考生之中，著名音乐家黎锦晖选中不显山不露水的聂耳，是直觉与理性考量的抉择。

我更愿把这一神来之笔，看作中国音乐史上两个重量级人物相逢的缘分。历史上的很多巧合，被后来人阐释为必然，其实很玄妙。聂耳之于音乐，是个体主观选择的结果，也包含着历史特定的机缘。

　　之前，聂耳可是从未设想过以音乐为职业。音乐是修养，学问才是正途。他写诗，写散文，作品在云南一些刊物上还发表过。至于音乐，虽然一直很喜欢，但是这方面的训练很少，有限的一点儿音乐修养，不过是来自儿时母亲吟唱的玉溪一带的民谣，还有就是学堂里教的一点音乐常识。黎锦晖的一纸录取书，把聂耳领进了音乐之门。聂耳以小提琴练习生的身份进入"联华"，黎锦晖的见面礼，是指派王人艺做聂耳的小提琴老师。不拘一格慧眼识人的黎锦晖，或许只是想提携一个资质不错的后生青年，给他一个机会。黎锦晖肯定无法设想聂耳的未来，当然更加难以料想，聂耳后来竟不顾知遇之谊，对自己"反戈一击"。

　　黎氏歌舞，在当时关注民族与民生的时代强音中是一个不和谐的音符。迂回、回避就是失职！热血和责任在青年聂耳心中沸腾。他化名"黑天使"和"蓝天使"，撰写文章《黎锦晖的"芭蕉叶上的诗"》《中国歌舞短论》《对教育电影协会随便谈谈》《黑天使答黎莉莉女士》等，在报刊上相继发表，抨击黎派歌舞，指出"香艳肉感，热情流露"是"麻醉人生"的"软豆腐"。这是1932年夏天，聂耳由联华歌舞学校转入明月歌舞剧社不到半年。

多年后，回顾历史，人们看到了二十世纪上半叶这场文艺是否需要面向普通大众的论争发生的必然性和重要性。由聂耳揭橥的这次争论，最直接的后果，是后来长久沿用的把中国原创歌曲在演唱方法上分化为三种形式自此分化成形。一种是黎锦

在锦晖处坐了三个多钟头，和他谈话真谈得开心，吃晚饭才回来。

聂耳

在我们的立场来看这篇《中国歌舞短论》，不但没有加重言语，况且这是事实问题。在锦晖，以至于从事歌舞事业者是应当要虚心接受的，何必再来反攻一下！

聂耳

晖奠定的流行唱法，即今天所谓"通俗唱法"，它与欧美流行音乐唱法十分接近，更为生活化、都市化和个性化；另一种就是聂耳、冼星海等人提倡的新民歌唱法，讲究群体化、美声化和民族化；再有就是从欧美舶来的美声唱法，这一种更学院化。三种唱法三足鼎立的态势，其后一直没有大变。直到上世纪九十年代中期，类别的分野产生交叉，关于民族、美声和通俗三种唱法划分不尽科学的声音也开始出现。这是后话。

论争的客观效果很好，一定程度上遏制了文艺唯商业化发展的势头。聂耳呼唤时代强音，却没有想到，艺术的都市化、市民化是一个复杂的问题，简单地加以肯定或否定，都是不科学的，不能服膺人心。历史的局限同样导致了聂耳批判的双刃性。"左联"内部当时就有包括田汉在内的聂黎二人共同的朋友站出来，对聂耳进行劝阻和批评。

所幸，论争的双方当时还算理智，充分显示出彼此的教养和胸襟。尤其是被"反戈一击"的黎锦晖，颇有大家风范。作为现代中国儿童歌舞的鼻祖、中国早期校园舞蹈教育和中国流行音乐的拓荒者，拨开历史加诸其上的阴影，被真实还原的黎锦晖，实乃一眼界开阔、襟怀坦荡的艺术家。关于黎锦晖的文字，我阅读得不多，依据有限的见识，从他身上依稀可感的是一个拓荒者的快乐与痛苦。

看到聂耳主动上门和解，黎锦晖虽然不能苟同其观点，但是很高兴。黎锦晖不仅当即接受了聂耳递出的橄榄枝，多年后见诸报端的文字，也显示出他率直真诚的性格。他公开称赞聂耳有优秀高贵的品质，还毫不掩饰地指出聂耳有时候不经意中表现出的急躁脾气。"他怀着正义感

> 口口声声唱的是艺术、是教育，然而，那么一群——表演者——正是感着不可言状的失学之苦。什么叫社会教育？儿童教育？哦！被麻醉的青年儿童，无数！无数！
>
> 聂　耳

和同情心，有时正言厉色，有时带点善意的讽刺"。批评，是为了矫正朋友的错误，黎锦晖这样真诚地认识并褒奖聂耳的勇敢。

黎锦晖与聂耳的确是不错的朋友。聂耳在"明月"时期，黎家是朋友聚会的大本营，出入黎家是常有的事。这一点，有聂耳的日记文章为证。作为朋友，起了纷争，更多的应是落在学术争论的层面。道不同不相与谋，但惺惺相惜之心犹在。但是在过去的很长一段时期，黎锦晖被粗暴地划类为"资产阶级文艺家"，也由于非此即彼简单审视历史的"二元论"作祟，许多国内的研究者误见了黎聂二者的关系，把他们看成单纯的雇主与职员、批判与被批判的关系，这是不符合历史真

> 这次到汉的表演，算是绝大的失败。这失败，是必然的，是在预想中的。……报纸上也大骂"明月"，所批评的缺点都不能给我们半点反驳的余地。
>
> 聂 耳

实的。

二十世纪二三十年代，这种重探讨而非挟私仇以相攻讦的学术论争很多，像创造社和太阳社发起的"革命文学"口号论争；"国防文学"与"民族革命战争的大众文学"的论争，论争的双方某些文章虽然也夹杂有一些意气之争和小团体倾向，但是并没有过多伤及和气，许多人私下仍是朋友。至于"其下者乃至丑诋私敌，等于谤书；又或有谩骂之志而无抒写之才"的恶劣的黑幕派文字彼时倒不多见。

6

简直太忙了！"联华"话剧剧本起草委员、音乐部主任、联华一厂俱乐部执委、秘书，中国电协组织部秘书电协组长，电影游艺会筹备委员，中国新兴音乐研究会发起人……这么多杂七杂八的"头衔"加身，聂耳整个白天几乎都在各种事务里转悠，只有晚上才属于自己和音乐。

晚上没事，聂耳爱和剧社的女演员陈燕燕结伴到任光家唱歌。一屋子的人，任光弹钢琴，安娥在唱《甜蜜的梦》，腻腻的，聂耳不爱听。他提议由自己拉小提琴伴奏，陈燕燕试唱一下任光为电影《母性之光》创作的两首南洋歌曲。燕燕很有天赋，把歌曲充沛的情感演唱得十分到位，人们沉浸在这美妙而带有异域风味的旋律之中。唱完，大家提了点修改意见。任光还指出聂耳演奏的许多错误。任光自恃懂行，说话很直，有点不顾情面。聂耳嘴上没吭气，心里却不太舒服："要拉好一支曲子并不是件张嘴说说那样容易的事。"聂耳把借鉴云南民歌曲调新写的两首歌哼给大家听，又引起争论。还是任光，说旋律简单，不太好听。其他人也点头附和。聂耳不能接受，争辩说，简单未必不好，好记，易学，自己是有意采用这种清新明快、不事雕琢的风格。

从任光家里出来，聂耳的心情很压抑，因为近来经常听到这类论调。他心想，自己从小就爱听的那些民歌和儿歌，虽然旋律很简单，但是已经流传了那么多年，那么多人喜欢，相反，为了显示技巧，硬加入和声和对位，才是画蛇添足呢！想到这里，聂耳轻松了很多。他知道创作应该充分尊重自己的感觉，扬长避短。当然，大家说的也并非完全没有道理，尤其是那些关于中国的新兴音乐如何做的一些主张，对聂耳颇有启发。

报纸和电台天天在播日本占领东北的消息，上海形势很吃紧。前几日，聂耳拿着相机跑到街上和码头拍照，还差点遇到危险，幸亏一个美国大兵及时解了围。受了刺激的聂耳回来后，尽管成了剧社的"英雄"，他本人却一直十分苦恼，作为一介手无寸铁的"艺人"，能力实在太有限了，自己能为抗战救亡做什么呢？舞台上，大家整日地情哥哥情妹妹地唱，可现实中已见到刀光剑影了。"音乐要为新生活呐喊，音乐要为大众呐喊！"音乐组开研究会，聂耳站起来慷慨陈词，提出要探索为大众的音乐新形式，众人也表示赞同，但是论到什么是新音乐的形式，又产生分歧。最后有一点达成了共识：要尽快创作出新音乐作品，用音乐说话。

面红耳赤地争论了一番以后，对新的音乐聂耳脑子里渐渐有了清晰的轮廓。他知道应该写什么样的作品了。

"噢赫！噢赫！噢赫！"不顾路人惊奇的眼光，一路哼唱着，等到跨进宿舍时，旋律已经呼之欲出。"用力！用力！再用力！"聂耳一边在纸上划拉，一边念念有词。终于，这首《母性之光》的主题曲《开矿歌》完成了。在昆明读师范时，聂耳曾写过一首校歌，但是没有流传下来。因此，这首《开矿歌》通常被视为聂耳的处女作。

除了写歌，聂耳还要参加电影《人生》剧本的研讨和拍摄。一次在南京路永安公司门前拍摄外景时，聂耳突然昏倒在地，是脑充血。接着，在浙江石浦拍《渔光曲》时又一次病倒，这次是喉症，也就是扁桃腺发炎，很严重。聂耳不得不重视起自己的身体，他决定躺下来休息休息。

聂耳的拼命有了明显的成绩。短短两三年，聂耳创作了三十八首乐曲，高产之下，盛名随之而来。聂耳的许多作品在民间流传得很快，尽管指责其粗糙和简陋的声音不绝于耳。

"九一八"事变后，一个小旅馆里，田汉在一张香烟

一个人的成功和失败，往往便是从这些杂乱的思想中挣扎出来的。

聂 耳

盒的锡箔衬纸上仓促地写下一首长诗，之后，他就被捕入狱了。长诗的最后一节，后来成为中华人民共和国国歌歌词。这首由田汉作词聂耳作曲的歌，歌词激越，旋律铿锵，很快便在全国流传开来。"在当时，是唱《义勇军进行曲》，还是唱《三民主义，吾党所宗》，就是一个政治上的分界线。"音乐对政治会起这么大的作用，是聂耳始料未及的，也是众人没有料到的。1945年人民政协开会商讨国歌，由徐悲鸿和梁思成力荐，于1949年9月27日全国政协第一届全体会议通过决议，《义勇军进行曲》成为即将成立的中华人民共和国的国歌。

聂耳创作《新女性歌》时，我跟他在同一个摄制组内工作，我知道他为着要体会纱厂女工清晨上班的情景，常常在晨星稀落、寒霜遍地的黎明，换上工人服装，步行一个多钟头，到沪西一带观察纱厂女工上班。

郑君里

青春做伴。

由于对时代生活的自觉投入，聂耳唱响了时代的强音，达到了政治人生的顶峰。只是他已经过早地离去，已无法体验自己制造的辉煌。

一个没有受过任何正规音乐教育的青年，成为国歌的缔造者，这种匪夷所思的事的确发生了。旋律单调、缺乏足够的变化和技巧，人们曾这样批评聂耳。这个批评再提升一步，其实就是艺术的价值取决于社会价值，还是本体的建构？这是一场始终没有停止的争论，究其本质，是学院派的完美的技术主义与"五四"以来"文化立场至上"之间的暗争。

在我看来，在阶级与民族斗争凸显之际，

我们和聂耳的年纪也差不多，而我们当时是唱着他的歌子前进的。就这一点已足够使我们估价聂耳这一伟大音乐家的成就了。想一想：一个音乐家，有那么多的同时代人唱着他的歌子，是不简单的。

刘白羽

1932 年摄于上海。

纯粹意义的艺术探研是很难和历史时代的主流要求相一致的。中国是在被动挨打的局势下对外开放的，是在亡国灭种的危机中放眼世界的，也是在文化相对落后的前提下接受外来文化的，因此，担当"救亡"道义、关注"人本"阐释和传播"民主"和"科学思想"成为一切文化的当然之义。艺术创作不再是仅仅代表自己或少数人，而是代表整个民族发言。五四时期这一标举人本主义旗帜、闪烁着启蒙主义理性精神的主张，得到主流文化的呼应。"五四"以来建立在反对贵族文化、封建文化前提下的大众文化，实质上在全民族进行了一场整体动员，它既反对旧文化，同时也对知识分子的文化进行"转译"。这个选择的背后隐藏着一种诉求，就是要把知识分子的语言转成通俗简洁的平民语言，表述平民文化立场。置身于这样的大背景下，学院派的追求尽管不无道理，但是显然不合时宜。这一点，敏感的聂耳意识到了。但是周围并没有多少朋友听他细说，除了他的"歌迷"。歌曲《大路》，仍然是聂耳惯有的简单有力的风格，传播得也特别的快，许多人来信，向

昆明的聂耳故居。

聂耳和电影《大路》摄制组索求歌谱。

聂耳所长不是历练的技术和高深的理论，他具有极好的音乐天赋。怎样的曲子好听，有生命力，需要天赋去辨明。从《毕业歌》和《梅娘曲》，我看到了聂耳深刻的一面和丰沛的创造能力。聂耳的作品生前身后屡屡受到争议，聂耳的尴尬，是因为偏见。

聂耳曾亲自对我讲，《铁蹄下的歌女》是他生平第一个抒情曲子，他自己对这个曲子是很满意的。

许幸之

音乐和其他艺术、诗、小说、戏剧一样，它是代替着大众在呐喊。大众必然会要求音乐的新的内容和演奏并作曲家的新的态度。

聂耳

7

离家五年中，母亲从昆明来信，多次提到婚姻问题。聂耳 1932 年在给母亲的信中表示暂时不想考虑，"我是为社会而生的，我不愿有任何的障碍物阻止或妨害我对社会的改造，我要在这人类社会里做出伟大的事业"。第二年写信给二哥聂子明，又重申："我到现在才自觉到，我是不普通的人，我愿永远做一个'非凡'的人。"

这个"非凡"的人，在朋友眼里，还是个"大孩子"。聂耳结交小朋友的兴趣，似乎远远浓于与异性来往。人们常常看到他跟同事的孩子一起玩，一起认真地做一件事，认真地讨论一件事，还会因为一件什么事认真地争吵。吵过架的聂耳，心情很难受，在日记中唉声叹气。第二天，他又会主动求和。演艺圈女性的虚荣和饶舌，令他反感，令他失望。他更加珍爱孩子们的童真。当发现一些孩子也变得世故时，聂耳的痛苦无以复加，觉得人世间又缺失了一份真！为此，他宁愿自己永远保持纯真，"谁能说我不是一个孩子？至少也有孩子气……"

短暂的春天过去了。

1935 年，上海"白色恐怖"越来越严重，文艺界风声鹤唳，危险已经降临到周围人的身上。田汉、阳翰笙、赵铭奕等人相继被捕，在聂耳敏感的心中投下厚厚的阴影。4 月，为躲避可能到来的危险，他在中共的安排下，以帮三哥"做牛皮生意"的名义东渡日本，之后计划赴欧洲和苏联考察。虽然是"逃难"，聂耳还是又惊又喜，终于可以"出外游历"了！从未受过高等教育的聂耳，"留学"的夙愿一直强烈地诱惑着他。异域风情，岛国文化，让乍感不适的聂耳不久又心情宽松和快乐起来。聂耳开始设计新的人生。《义勇军进行曲》定稿了。在日本的一帮朋友先"听"为快，聂耳自己也很满意。赶紧寄回国内，由孙师毅和司徒慧敏转交给《风云儿女》摄制组，他们正等着用呢。

聂耳可不甘清闲，又给自己定了一个"三月计划"：学日语，读书，看戏，写文章，创作，练琴。这天，正在宿舍练琴，好朋友张天虚领着三个人进了门。日本剧作家秋田雨雀，聂耳前几天就认识了。另两位，一个是日本人滨田实弘，一个是韩国人李相南。大家一坐下来，话题就转到戏剧和音乐上面。李相南的热情，滨田实弘的厚道，秋田雨雀的深刻，聂耳的半通不通日语和率直，张天虚的机智，煮成了一锅粥。话到兴头，笑声张

> 从明天起，是第二计划的开始。虽然是在暑假旅行中，读书的时间有的是！提琴的练习也决不会发生任何阻碍。
>
> 聂　耳

扬恣肆，文静的日本房东小姐受到了感染，不知所以然地也笑了。

岛国音乐的发达开放真让聂耳开了眼界。几乎每天都有各种音乐会，唱片业更是了不得，想听什么就有什么，各种音乐杂志刊物都有唱片专栏或对新唱片的评介。聂耳认为很有必要把这个经验介绍给国内。1935年8月，《艺声》第三期发表了聂耳的《日本影坛一角》一文。这本1935年5月创刊的电影音乐月刊，其时由陈嘉震、金焰做电影编辑，音乐编辑是聂耳在"百代"的同事任光和安娥。安娥是田汉的第二任妻子。

1935年7月16日是聂耳生命的最后一天。他与结识不久的滨田实弘、李相南，到鹄沼海海边洗海水浴。之后，他打算登富士山，再赶到大阪跟随新协剧团赴神户、京都旅行公演。寂静的乡村，不时传来一两声鸟啼，邻居小孩们在嬉闹，钟声悠悠。正值午后时分，艳阳高照，这样的日子好久没有过了。怀乡的聂耳仿佛回到了熟悉的玉溪老家。踏浪，踏浪，踏浪……就这样，诗人气质的中国音乐家在异国的海域，踏浪不归，长久地沉睡在大海母亲的怀抱。他，再也没有能够站起来，实现爬一爬富士山的愿望⋯⋯

这片吞没聂耳的海域，后来知道，就在伊豆的附近。"伊豆"，这是个美丽的字眼，在日本作家川端康成笔下，总是蒙着雾水和忧郁。忧郁的作家最终也选择了弃世，似乎追求那化外的仙境而去。而人生正处于上升时期的中国青年音乐家聂耳，也被这片忧郁的海扼杀了。这太不该了！因为聂耳是如此地热爱生命，他还有太多的事要做！他留下的最后文字，一如既往——随时不忘的是"读书""拉琴"。一个上进的青年，对于人生的自觉和追求，不过如此了。

就这样，愿做"非凡人"的聂耳，在日本藤泽市鹄沼海盛夏的海滨，匆匆走完二十四载人生之旅。韶光熠熠，于斯为盛。斯人已去，其名鹊起。因为聂耳，昆明与鹄沼海水流经的藤泽市于 1981 年结成友好城市。

2001 年秋天，我到了北海道的札幌。这里的博物馆和纪念馆门庭喧闹。人们在用自己的方式纪念偶像和伟人。我知道，日本是二十世纪上半叶中国留学生的主要去处，许多青年才俊由此学成后热血而归。我很想知道，这个国家的人们是否也保留了一份关于一个中国音乐家的记忆。我寻访了很多遗迹和游人，答案是否定的。在有选择的历史的记忆里，鹄沼海桥下的人行道边立着柱式的纪念碑，由郭沫若题写的碑铭与聂耳好友、日本作家秋田雨雀书写的碑文，静观云舒云卷已经数十个年头了。

从聂耳的死，我读到的是浪漫主义的忧伤。他本来应该飞得更高些！可惜那么年轻就折翼在伊豆半岛幽谧的海水里。不知为什么，聂耳的死总让我联想到浪漫主义悲剧在中国不同形式地上演。智者近水。水，对浪漫主义似乎具有永恒神秘的力量。朱湘，是诗人，而他最终也投身于这无声而柔软的水的怀抱里。莫非受到了冥冥之中同一声神秘的召唤？这一场场仿佛偶然的事故，是浪漫主义者的生命悲剧，却又散发着浪漫主义瑰丽奇异的精神魅力。

龚自珍有诗："虽然大器晚年成，卓荦全凭弱冠争。"也许，没有志存高远，就没有后来的燕击长空。现在有关聂耳的后人评传，倒是绝少提及聂耳早年的"非凡"之志。是疏忽，还是为尊者和亲者讳？疏忽应是不大可能，避嫌的成分多些。听其言，观其行，所谓知人论世。每个人都有优点、特点、缺点，从研究的角度出发，小心翼翼地避讳大可不必。至于聂耳，正因为追求"非凡"生活，才不甘平俗，走出云南，结识了异样的人，有了异样的追求，才会由一个没有受过任何正规音乐训练的初师学生成为中国新

> 我漂泊在外，转眼不觉两年多，回忆过去的经历，真可写成一部情节曲折的长篇小说。我到现在才自觉到，我是不普通的人，我愿永远做一个"非凡"的人。你们觉得这话还有点道理不？
>
> 聂耳

音乐的拓荒者。

1956 年，聂耳逝世二十周年之际，当年同在"左联"的战友写文章纪念他。夏衍直率地说，天真老实的聂耳，上过当，失过恋，不止一次受过他所认为"朋友"的人们的奚落，但

> 昨日是"东京艺术座谈会"（全是中国留学生）请我去讲演。我的讲演题是："最近中国音乐界的总检讨"，讲演时间约两小时余，结果受到极热烈的欢迎……
>
> 聂　耳

是，从来没有在他脸上看到过苦闷和忧愁。

在朋友的描绘中，一个天真而早慧、活泼并热爱生活的大孩子又复活了。

8

聂耳一直不曾放弃这样的设想：如果有稳定充足的经济来源，自己肯定选择过另一种生活！

什么样的生活，聂耳没有详描。我曾设想，应该如吴宓、陈寅恪、梁思成、钱钟书以及晚近的季羡林、费孝通一样，受过很好的传统教育，后又留学欧美，兀兀穷年，心无旁骛，在某个领域成就某些事业。这样的生活真的很令人向往，因为有这些学术大师的坚持，我国自然科学和社会科学领域的一些研究才没有因为战争和政治动荡而断流。

聂耳却没能走这条路，因为他的责任和牵挂。

聂耳的父亲聂鸿仪在昆明甬道街 72 号开了一家成春堂药店，1912 年 2 月 15 日，重整九州乾坤的辛亥革命胜利的第二年，聂耳出生在药店的楼上。不久，父亲死了，药店由母亲经营。母亲虽然勤劳，但毕竟半路出家，药店生意越来越差。加上聂家是大家庭，开支很大，入不敷出，殷实的聂家开始中落。幼年聂耳的记忆里，母亲经常坐在灯下，拨拉算盘，算完账后，叹气，发愁。聂耳曾暗许心愿：今后一定要"让母亲过好日子"。他到上海后，在写给母亲、二哥、三哥的信中，屡屡提到"汇钱""借钱"之类字眼。后来，聂耳手头的钱多了起来，稿酬、版税加上薪水，每月基本上可以挣七八十元，就经常给家里寄点钱，以博母亲的欢心，"我出来几年了，到现在才有本事寄点钱回家，实在惭愧。妈妈！您拿到虽然不多的几个钱，想来已经够开心了"。

母亲是聂耳最大的牵挂。

从现在能找到的影像资料中，我们可以看到，母亲彭寂宽有着一副与儿子一样的执著而精明的神情，五官不能算好看，是比较典型的傣族妇女的长相。聂鸿仪的原配生下一儿一女后死了，彭氏是续弦，过门后又为聂家生了三个男孩。最令人佩服的是，彭氏没有上过一天学堂，但跟着丈夫，居然能够读医书，丈夫死后还能坐堂把脉问诊，养家糊口。彭氏的聪慧，显然也遗传给了儿子。聂耳是家里最小的儿子，乖巧伶俐，一支简陋的竹笛能吹得五彩缤纷，甚得亲友疼爱。

搬一张椅子，聂耳小猫一样偎在彭氏的膝下，彭氏正在给一件月白色的长袄缝边，聂耳过年将穿上它给亲戚拜年。母亲能唱各种民歌，包括在昆明等地民间广泛流传的洞经调、花灯调、扬琴调，等等，动听的歌曲与歌曲里的故事让小

聂耳这种性格上的表征和气质，我把他概括地称为浪漫主义精神，这种浪漫精神是以追求进步、追求真理、追求革命为其核心内容的。

李洪辛

聂耳着迷。今天，母亲唱的歌曲里的主人公是蔡将军。彩
云之南多歌声，歌声多关风月。但柔媚婉约的洞经小调非
但没有消磨人的意志，反而催生了蔡锷这般峻急不苟的英
雄斗士。蔡锷功成名就之时，聂耳还是黄口小儿。他从母
亲的歌里认识了蔡锷。蔡将军云南首义讨袁护国的壮举在
他心中留下深深的印象，习武从军曾是少年聂耳的一大
志向。十六岁那年，聂耳终于憋不住了，背着家人偷偷

1912 年 2 月 15 日，昆明 "成春堂" 中药铺老板聂鸿仪的第四个儿子聂守信，
在药铺楼上出生。聂守信就是后来的作曲家聂耳。

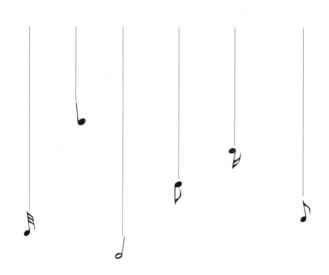

从聂耳的作品看来，这个人是极为深沉的。对民族，对革命，如果没有那么深的感情，是不能写出那样的作品的。

刘白羽

参军，被编入十六军湖南新兵队受训，后投考黄埔军校未果，又被军队遣散，习武之念才在无奈之中打消。不得已，转而读书、演戏、作曲。但是成就伟业之心未了。

物质决定精神的指向。聂耳不能选择，他带着鲁莽和冲劲，为自己与社会打拼。聂耳是热情的，又是敏感的，不经意中，画出了一系列与历史急流起伏涨落较为一致的人生轨迹。音乐成了他的武器，在音乐中，聂耳感受到思想和生命热力的释放。

近来这几天细读聂耳遗存的文稿，读到两篇写于不同时期的截然不同的《我之人生观》，万般滋味从中来。

一篇《我之人生观》是聂耳的中学作文。聂耳在文中表示，如果有可能，他不会从事宗教、哲学和科学的行当。他的理想是先上大学，然后出外游历，最好是出国，行路读书，增长见识，学术上有所建树。最后挣儿个钱，与几个谈得来的朋友，找一处山清水秀的地方，读书，弹琴，度悠闲时光。他还特意表示，昆明的西山将是自己隐逸的首选。理想毕竟是理想，作为动荡时代的一个知识分子，成年后的聂耳对自己的出路开始务实起来。结庐研学，需要衣食无虞的经济背景。从小康生活坠落到困顿的现实让聂耳体尝到生活的艰辛和残酷。所以，待到年长几岁也就是中学毕业考入云南省立师范学校后，聂耳又写了篇《我之人生观》，他的学生腔明显少了，代之而出的是，希望学工科，研究点艺术，做一个"并不是鲁滨逊那种个人主义的思想"的游历家，然后"以实在考察之所得以建设新的社会"。

少时习作中对隐逸山林的这一描画，表达了聂耳对宁静生活和安详心境的向往。今天读来，至少透露了三个重要信息。其一，少时聂耳本是一介安守本分的书生，对生活的认知带有很浓的书卷色彩。其二，生活在歌舞之乡云南的聂耳，对音乐的志趣显然早已有之。其三，聂耳在此表现出他后来一以贯之的喜交

> 什么乐队、音乐研究会，未尝不是我时时刻刻在心的事。当然，等到一切抓着路线的时候，建立一个强国的组织是不难的事。
>
> 聂耳

友、任自由的个性。然而，动荡多变的社会生活会不断修正人的生活坐标，也会改变每一个投身其中的个体。当年稚嫩的聂耳变得成熟，他毫不迟疑地选定了自己要走的路。大浪淘沙，在时代的激流中，只有勇者和智者才能把握一己的人生方向。书生聂耳用自己的方式，选择了不甘平俗的人生。

艺术是他的武器，也是他滋养纯净心灵的沃土。

拧开时间大门的把手，回望已经过去的世纪，回望早殇的聂耳。想那天国之中的聂耳没准快活得呵呵笑了：在艺术圈里有天赋、肯努力者多如恒河沙数，但能够汗青留名的，又有几人？

这个不可多得的大孩子！

感谢周巍峙先生、中国艺术研究院音乐研究所和人民音乐出版社提供的帮助；感谢所有补白的原作者。

图书在版编目（CIP）数据

永恒的聂耳 / 刘琼著. —上海：少年儿童出版社，
2024. 10. —（小学生红色阅读书系）. — ISBN 978-7-
5589-2008-0

Ⅰ. K825.76-49

中国国家版本馆 CIP 数据核字第 202405NQ67 号

小学生红色阅读书系
永恒的聂耳
刘　琼 著

陆小新 策划
仙境设计 装帧

责任编辑 霍　聃　美术编辑 章金昇
责任校对 黄亚承　技术编辑 许　辉

出版发行 上海少年儿童出版社有限公司
地址 上海市闵行区号景路 159 弄 B 座 5-6 层　邮编 201101
印刷 上海展强印刷有限公司
开本 720×1000　1 / 16　印张 5.25　字数 34 千字
2024 年 10 月第 1 版　　2024 年 10 月第 1 次印刷
ISBN 978-7-5589-2008-0 / Ⅰ·5255
定价 20.00 元